الجزائر

1810

Couverture la Couverture

UNE EXCURSION EN AFRIQUE

LUDOVIC BASCHET
ÉDITEUR
PARIS

(Par Melle Lucie Félix-Faure)

UNE

EXCURSION

EN

AFRIQUE

UNE

EXCURSION

EN

AFRIQUE

Lucie F. F.

LIBRAIRIE D'ART

LUDOVIC BASCHET, ÉDITEUR

125, boulevard Saint-Germain, 125

PARIS

A Madame Jules Ferry
A Madame Edouard Millaud
A Madame Gaston Thomson

I

JADIS, quand l'influence d'un ciel tout embrumé assombrissait mes idées, j'aimais, pour les éclaircir, à évoquer l'Orient de mes lectures, l'Orient des peintres et des poètes. Une réminiscence de tableau, de description littéraire, souvent même un simple hémistiche, jusque-là enseveli au fond de la mémoire et surgissant miraculeusement pour les besoins de la cause, faisaient passer devant mes yeux quelques visions de soleil, de blanche façade, d'échoppe bizarre ou de vastes étendues miroitantes sous une lumière à laquelle je croyais avec peine. Maintenant ces belles visions sont attendries par une sorte de regret nostalgique qu'elles doivent mettre au cœur de ceux qui les ont réellement contemplées, regret bien légitime devant nos trottoirs boueux et nos horizons brouillés de pluie.

Ce fut un délicieux imprévu que ce voyage d'Afrique. Trois ministres allant inaugurer une statue, une école, un chemin de fer; la caravane parlementaire s'organisant pour suivre les trois ministres; un tourbillon enlevant une foule et nous pris dans le tourbillon.

De Paris à Marseille, notre trajet s'effectua surtout pendant la nuit; le matin éclaira des oliviers, des nappes d'eau et ces fragments de vie qu'on saisit du wagon: une persienne qui s'ouvre, un visage endormi qui interroge le temps, une femme qui passe, se rendant à l'église, puis Marseille ensoleillé dans le bourdonnement de sa foule remuante et la joyeuse volée des cloches de Pâques. Tout semblait en fête : les rues, le port, le navire la *Ville de Tunis* prêt à nous emmener, avec les musiques, les caisses d'arbustes, les drapeaux éclatants, la fièvre des préparatifs, les grandes ondes bleues, paisibles, étincelantes, bleues d'un bleu que je voyais pour la première fois!

Au moment du départ, les passagers se tenaient sur

le pont; il y avait M. Millaud, ministre des travaux publics, et Mme Millaud; M. Berthelot, ministre de l'instruction publique; M. Granet, ministre des postes et télégraphes; les députés d'Algérie, parmi lesquels M. Étienne et M. Thomson; Mme Thomson; M. Vast-Vimeux, député, et Mme Vast-Vimeux; M. et Mme Rabel; M. et Mme Mayer; M. et Mme Barbier; M. Richard, député, et Mme Richard; M. Richard, président du tribunal de Tarascon; sa fille, Marie-Thérèse, avec qui je me liai particulièrement dans la suite; M. Jean Aicard et beaucoup d'autres, nos futurs compagnons, dont l'amabilité devait tant contribuer au charme du voyage.

La *Ville de Tunis* s'éloigna enfin des côtes. Cet après-midi fut assez monotone : toujours le même azur de plus en plus profond! Nous restions assis, savourant la douceur d'être immobiles et de nous sentir emportés vers l'Inconnu. Le soir, M. Jean Aicard déclama de ses œuvres qu'il déclame si bien. La mer était phosphorescente, l'écume se soulevait, doublée d'une lueur pâle, ou enlaçait le bateau de sinuosités lumineuses, semblables à une multitude de serpents. On glissait doucement dans ces ténèbres que déchiraient de vagues clartés. La lune se montra; ses rayons sur les flots rappelaient le vœu de Thomas Moore :

> I long to tread that golden path of rays
> And think it would lead to some bright isle of rest.

Seulement l'argent remplaçait l'or.

Le lendemain, on nous signala la terre africaine, estompant l'horizon comme une bande de brume. La ligne onduleuse des montagnes se dessina plus nettement, et Alger la blanche, comparée à un triangle par Eugène Fromentin, par notre guide à un escalier de géants, nous apparut, échelonnant ses demeures à terrasses, éblouissantes de blancheur avec quelques colorations bleues. Sur tout cela, il aurait fallu la magie du soleil, mais le soleil obstiné se cachait depuis une heure. Nous distinguions le mouvement du port, le va-et-vient des bateaux pavoisés, la rangée des spahis au burnous écarlate, la masse sombre de la foule encombrant le boulevard de la République, les fenêtres du quartier européen garnies de têtes et noires de curieux. Il y avait autour de nous, dans les canots, sur les quais, une population bariolée, pieds nus, en haillons, coiffée du fez ou du turban : Arabes, Maures, Maltais, Levantins. Quatre indigènes, assis suivant la mode turque, s'étaient juchés sur un ballot de marchandises ; ils assistaient à l'arrivée dans leur immobilité orientale, qui semble dédaigner nos continuelles agitations. La figure d'un jeune Syrien exprimait une joie triomphante : il était au premier rang! Ses yeux dévoraient les planches que devait franchir le cortège ; il attendait visiblement quelque chose d'inouï, de prodigieux. Hélas! il ignorait sans doute que les ministres sont des personnages fragiles comme les autres mortels, plus fragiles peut-être.

On débarqua ; mon père et moi reçûmes l'hospitalité charmante de M. et de Mme Durieu, dans une fort jolie maison mauresque dont la cour est un bijou d'élégance, avec les mignonnes colonnettes ciselées qui l'ornent délicieusement. Entre ces murs, on se plaît à rêver d'époques lointaines, d'existences mystérieuses et disparues, d'anciennes oisivetés douces et mélancoliques, de plaintes et de rires évanouis, oubliés désormais, d'ombres féminines constellées d'or et de pierreries, choses destinées à rester dans ce vague où tout est beau, où tout séduit, fascine, attire. Je m'installai à une fenêtre pour examiner les passants. Les Arabes fièrement drapés; les Mahonnaises coiffées de foulards; les juives aux longues robes, une soie noire plaquant leurs cheveux; les musulmanes blanches, voilées, le large pantalon bouffant sur les chevilles, défilaient sans se presser, se croisaient ou se suivaient, foule étrange que j'eusse voulu contempler à travers le dédale de ses ruelles ignorées. Le soir, nous nous risquâmes dans la Kasbah, c'est-à-dire la vieille ville, aux rues étroites et grimpantes, aux fontaines bizarres, dont les maisons bien closes se rejoignent parfois avec leurs vis-à-vis pour former des voûtes. Les seules portes ouvertes étaient celles des cafés maures; là, dans un clair-obscur très doux, les habitués, assis ou étendus, garnissaient les nattes posées sur le sol ou sur les bancs; ils fumaient, ils songeaient, avec leur grand air dont nous subissons le prestige, car il nous est impossible de ne pas admirer des gens qui nous montrent tant d'indifférence. Les fentes de quelques autres portes laissaient filtrer de vagues lueurs; d'une de ces habitations s'échappait la musi-

que des instruments arabes; mais, presque partout, un silence absolu. Plus on allait, plus on s'enfonçait dans le mystère et l'obscurité. Une silhouette blanche — celle d'un homme — nous épiait en se dissimulant le long des murailles. Quel était le but de ce musulman aux allures suspectes?

Les indigènes ne nous aiment pas, nous, les chrétiens, les *Roumis*. Fatalistes, ils se résignent en attendant la délivrance promise par une foi tenace; mais combien d'entre eux pensent ce que disait un cocher à son maître, un fonctionnaire, qu'il servait pourtant fidèlement :

— Je te couperais la tête avec plaisir s'il y avait une insurrection.

Le mardi matin, accompagnée de mon père, j'arpentai les quartiers européens, qui présentent un contraste frappant avec la ville arabe; nous longeâmes la rue de la Lyre, assez large, bordée d'arcades, de boutiques, de hautes maisons, et où circule une foule hétéroclite. Des Mauresques, emmitouflées de blanc, les pieds nus dans leurs babouches, quand elles n'ont pas adopté l'usage des bas, des souliers vernis ou mordorés, se traînent indolemment, s'arrêtent aux devantures et poursuivent leur flânerie ; quelques indigènes assis roulent dans leurs doigts les grains de leurs chapelets d'ambre ; tout cela imprégné de parfums orientaux parmi lesquels on reconnaît le benjoin. Le boulevard de la République, formant une longue terrasse, domine la rade ; la place du Gouvernement, entourée d'arbres, est animée à certaines heures par de nombreux groupes souvent composés d'indigènes, et le mélange des costumes donne un caractère original à sa physionomie.

Alger, semblait ce jour-là, renfermer tous les Parisiens ; au bout de dix minutes, nous avions accosté six ou huit personnes dont nous ignorions la présence en Afrique. Nous achevâmes d'occuper la matinée par un tour à Saint-Eugène. L'après-midi, Mme Durieu, mon père et moi, nous nous rendîmes à Elbiar et à la Bouzareah. Avec de très beaux points de vue, la route traverse les champs, les ondulations de la campagne, où le rouge des coquelicots éclate à la lumière du soleil, au milieu des aloès et des figuiers de Barbarie. Un singulier arbuste, ce figuier de Barbarie, espèce d'artichaut gigantesque, laid, tordu, difforme : la mine gauche et contorsionnée d'un infirme.

Nous avions quitté la voiture et nous nous trouvions devant une véritable forteresse de ces figuiers. Là existe un gourbi, c'est-à-dire un village indigène. On se heurte aux pierres entassées les unes sur les autres, soigneusement dissimulées par les haies et figurant tant bien que mal des murailles destinées à enfermer les habitations.

Une femme brune, maigre, sans âge, à peu près couverte de haillons blancs, se montra à l'endroit où l'on aurait pu imaginer un sentier et nous fit signe de la suivre, pénétrant dans un enclos piteux au fond duquel était sa misérable hutte de terre battue. Il fallut nous baisser pour franchir le seuil de cette primitive demeure sans porte ni fenêtre, presque sans toit, car la paille qui eût dû en tenir lieu n'abritait pas plus contre le soleil que contre la pluie. L'ameublement se composait d'une couchette en terre battue, comme le reste de la hutte, et d'une casserole ayant servi à préparer le couscouss. Cependant, afin de prouver que la coquetterie est inhérente à la nature même du cœur féminin et ne lui vient pas de la civilisation, un pauvre miroir était accroché au mur, fleuri d'un modeste bouquet. La femme saisit le bouquet, nous le présenta et, voyant que l'humidité des tiges tachait les gants de Mme Durieu, entoura son cadeau d'un chiffon assez propre. Cette attention n'était rien, mais, dans un tel milieu, elle me toucha profondément. Nous avions laissé la pauvre créature en lui donnant quelques sous, quand une voix nous appela ; puis la tête d'une autre femme, jeune et jolie cette fois, avec ses dents blanches et ses longs yeux qui riaient, surgit au-dessus des figuiers, nous adressant l'invitation la plus engageante. Sa cabane était pareille à celle que nous avions visitée. Deux enfants assez gentils, la chevelure rougie par le henné, s'attachaient à leur mère, souriant comme elle, comme elle nous exprimant leurs sentiments amicaux. Enfin on quitta ce champ de figuiers qui recèle un nombre inconnu d'existences humaines, où se joue, où se répète le drame de la vie depuis la naissance jusqu'à la mort, avec les phases de la maladie, de la vieillesse, partout semblables, mais avec quelles tristesses, quelles attentes, quelles déceptions? Nous sommes réduits à les imaginer. Les nôtres sont plus nombreuses sans doute, pris et broyés que nous sommes dans un formidable engrenage. Eux, ils naissent, vivent, meurent sous le puissant soleil d'Afrique, saisis par le fatalisme de leur race qui leur enseigne le secret de la résignation ; ils vivent, et aucun des événements bouleversant notre monde n'atteindra leur gourbi ou ne modifiera la moindre de leurs habitudes. Aussi nous ne nous comprendrons jamais.

Tandis qu'on cherchait la voiture, un être bizarre, coiffé d'une calotte, vêtu d'une sorte de robe, se précipita pour nous suivre, avec des signes, des mouvements insensés.

— Le maboul! le maboul! s'écria Mme Durieu.

— C'est une femme, dit un ouvrier qui travaillait près de la route.

— Que veut-elle? demanda mon père.

— Un sou.

On lui en jeta un; l'homme prononça quelques mots; alors une expression hagarde passa sur la figure noire et grimaçante de la folle, elle eut un cri rauque que nous prîmes pour une malédiction, puis elle s'enfuit en courant comme elle était venue.

— Cela signifie : Dieu vous bénisse, expliqua l'ouvrier.

Il eut raison de nous traduire ce langage auquel nous étions loin d'attribuer une signification aussi douce.

Le sort d'une maboul, libre dans un gourbi, entourée du respect superstitieux, n'est-il pas préférable à celui d'une Mauresque cloîtrée de la ville ?

Nous prîmes une route dominant un vallon ; une perspective s'ouvrait sur la mer bleuissante. Dans la campagne s'épanouissaient les marabouts, semblables à de grandes fleurs blanches, poétiques tombeaux des saints qui dorment sous ce beau soleil comme ils ont vécu, ou plutôt rêvé.

Encore un coup d'œil au vieil Alger, à ses maisons dépourvues de fenêtres. Les échoppes étaient ouvertes ; on y vendait des pâtisseries étranges, des mets peu appétissants. Les négresses, les juives, de rares Mauresques, circulaient parmi les turbans et les burnous auxquels se mêlait l'uniforme des soldats français. Ce n'était plus le mystère fascinant de la veille au soir.

II

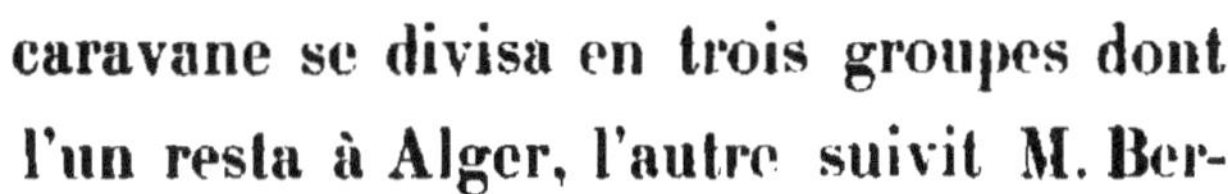

La caravane se divisa en trois groupes dont l'un resta à Alger, l'autre suivit M. Berthelot en Kabylie, le troisième, dont nous faisions partie, accompagna M. Millaud jusque dans le Sud Oranais. M. Étienne avait organisé cette tournée et nous eûmes à nous en féliciter. Nous étions cent et quelques; sept dames seulement : Mme Vast-Vimeux, Mme Berger, Mme Jolibois, Mme Eschassériaux, Mme Sicot, Mlle Richard et moi.

D'Alger à Oran, une nuit en wagon. J'avais pris

place dans un compartiment avec Marie-Thérèse Richard, toutes deux ayant le ferme dessein de dormir le mieux possible; mais, au moment où nous commencions à sommeiller, nous fûmes réveillées par la plus baroque des *Marseillaise* que jouaient, à une station, les trois plus enragés des musiciens.

Un lever du jour sur une nature insignifiante ; les spahis, à cheval, échelonnés le long de la voie pour la garder. Enfin, au bout de quelques heures, nous arrivions à Oran, ville moderne, bien qu'elle ait donné son nom à la croisade du cardinal Ximénès. Des rues banales et régulières; du soleil; une foule attendant les personnages; des Espagnols, des Espagnols, encore des Espagnols; quant aux Arabes, il fallait les chercher. Un avocat. M. Saint-Germain, nous offrit l'hospitalité; nous rencontrâmes chez lui nos futurs compagnons, M. Aristide Gandrey et M. Georges Clairin.

Le général Détrie et sa femme nous reçurent gracieusement à déjeuner ; ils habitent l'ancienne résidence des beys, au fort Château-Neuf, dont les trois grosses tours existaient déjà avant l'expédition de Ximénès. Pendant le repas, la musique des zouaves fit entendre plusieurs morceaux, puis on se rendit au grand salon ouvrant sur une cour délicieuse. Mme Détrie nous mena ensuite à un petit pavillon que le jardin sépare du corps de bâtiment et où l'on jouit d'une vue splendide : la campagne, la mer qui, ce jour-là, semblait assoupie dans un rayonnement de splendeur, dans un éblouissement de soleil. L'ancienne vie mauresque laisse encore planer sur cette demeure je ne sais quel charme mystérieux dont on trouve partout l'empreinte. Ce doit être l'idéal des peuples contemplatifs : rêver à l'ombre, le regard noyé dans le vague et dans l'immensité.

Visite à Mers-el-Kébir ; pour y aller, on suit une très jolie route qui rappelle la Corniche ; on passe devant une station d'eaux thermales nommée *Bains de la Reine*, en l'honneur de Jeanne la Folle. La vieille forteresse de Mers-el-Kébir s'élève sur une pointe rocheuse, auprès de la mer ; le ton chaud, ambré de ses murailles se détache sous le bleu étincelant du ciel dont quelques fragments apparaissent enchâssés dans les créneaux, comme des pierreries dans de l'or. L'effet en est saisissant. Une échappée : les yeux plongent dans ce double azur du ciel et de l'onde.

A Oran, aperçu rapide du quartier nègre; il n'a rien de caractéristique ; on y rencontre des Mauresques dont le costume diffère de celui qu'on voit dans les rues d'Alger; elles portent une jupe qui remplace le pantalon bouffant; de plus, elles ne montrent qu'un œil, mode gênante, car il ne leur reste pas même la ressource de glisser un joli regard par l'ouverture du masque. De petits ânes gris perle vont et viennent en trottinant comme dans toute l'Algérie et la Tunisie.

. . . .

Le lendemain matin, un jeudi, départ à cinq heures.

Après un court trajet en wagon, on s'arrête à Aïn-Temouchent où il y a un marché arabe, un marché de chevaux, avec une immense ondulation de burnous au blanc d'ivoire. Là, nous trouvons les voitures qui doivent nous conduire à Tlemcen.

Cette route est monotone : de loin en loin un douar, un gourbi, un troupeau de chameaux. Tout à coup une clameur s'élève derrière nous : c'est un véritable tumulte de voix et de piétinements. Notre cocher se retourne. Il oublie le fossé qui est à deux pas et la voiture y chavire à moitié. Nous mettons pied à terre pour laisser relever le malheureux équipage. Alors seulement nous constatons que ce tumulte provient d'un goum, c'est-à-dire une tribu d'Arabes, à cheval, qui se précipite dans notre direction. Vite! vite! Il faut se garer. Je grimpe sur un monticule; aussitôt je suis entourée de cavaliers à la figure basanée, de burnous rouges, flottants, luisants d'ornements dorés; tout cela s'agite dans la poussière et passe avec de grands cris rauques. Éblouie, assourdie, j'ai une vision confuse et tourbillonnante, puis le goum s'éloigne; notre équipage est sorti du fossé, je reprends ma place et je retrouve ma compagne Marie-Thérèse.

Elle m'explique qu'elle a bondi dans une autre voiture pour y chercher un abri, émue au point de ne plus se rappeler si elle y a été seule ou vis-à-vis d'une personne. Elle recueille ses souvenirs : il lui semble avoir brusquement réveillé un monsieur qui dormait en voyageant.

. . . .

Nous arrivions à l'oasis de Tlemcen; la campagne se modifiait; il y avait des arbres, beaucoup d'arbres, une impression délicieuse de fraîcheur et les plus adorables groupes d'enfants qu'il soit possible de rencontrer. Toutes ces prunelles brillantes fixées sur nous, ces nuances vives qui frétillaient sous le feuillage, ces pieds nus, agiles, qu'on voyait courir dans l'herbe veloutée, c'était exquis. Je me rappelle fort bien le minois d'une fillette de deux ans, vêtue d'écarlate et soulevée par un Arabe : jamais si petite beauté n'a souri avec de si grands yeux, des lèvres si rouges, des dents si blanches. Nous fîmes la connaissance d'un jeune Maure nommé Ahmed qui nous offrit une fleur après l'avoir baisée. Cela lui valut quelques sous. Il suivit les voitures en courant, mais nous l'oubliâmes dès que nous eûmes aperçu les cascades du Négrier, où l'on s'arrêta. Le spectacle était vraiment beau et, n'ayant pris aucune note, je ne puis guère en donner même une faible idée. Que dirai-je? Un escarpement de rochers et de verdure; les miroitements de l'eau jaillissante sur les pierres grisâtres; deux chutes, l'une en haut, l'autre en bas, celle du bas tout ombragée, celle du haut où frissonnaient des paillettes de soleil. Qu'on ajoute à cela le long murmure de cette eau qui tombe, murmure dont le charme consiste dans la monotonie : il y a là un je ne sais quoi de reposant, de rafraîchissant, et, comme nous vivons au milieu de ce qui change, nous devons être frappés par ce qui demeure inaltérable.

Étant réinstallés dans notre voiture, nous retrouvâmes Ahmed toujours courant et nous souriant toujours. Il avait des amis. Conformément au proverbe « Les amis de nos amis, etc. », ceux-ci nous entourèrent bientôt et nous firent un cortège quand nous voulûmes marcher.

Ensuite on alla à Sidi-Bou-Midin pour visiter la Koubba et la mosquée. La Koubba, mausolée élevé à la mémoire du célèbre marabout, est une sorte de temple minuscule, encombré de tapis, de miroirs, de lanternes, dont l'intérieur, grâce à ces ornements, rappelle un bazar ou certains salons qu'envahit la manie du bric-à-brac. Il y règne un jour tamisé par les vitraux peints. La châsse est couverte d'étoffes et de drapeaux. Ce qu'on aperçoit des murailles montre une riche décoration d'arabesques.

La mosquée, d'un très beau style, possède un entrelacement inouï de fines sculptures; elle est ornée de faïences, tout comme son minaret, et l'on y montre, en outre, une superbe porte en bois de cèdre. Au dedans, sa disposition est celle de la plupart de ces édifices. On traverse une cour entourée d'un portique pour arriver à la salle qu'on appelle la mosquée proprement dite; au milieu de la cour une vasque de marbre près de laquelle les fidèles font leurs ablutions.

A la sortie, je distribuai quelques sous aux enfants qui nous regardaient défiler sur la route; ayant eu l'imprudence de montrer ma fortune, je fus assaillie par ces petites mains crispées. Je les secouai, je cherchai à me donner un air qu'on dit imposant en Europe, mais, en Afrique, çela n'obtint pas le moindre succès. Heureusement plusieurs Arabes vinrent à mon secours et, à l'aide d'un « Barra! Barra! » bien senti, me délivrèrent des audacieux petits mendiants.

A Tlemcen, où nous entrâmes peu d'instants après, la population emplissait les rues, les terrasses, vivante, animée, colorée, avec un bariolage de costumes, et des têtes de femmes aux grands yeux noirs — des juives — apparaissaient aux fenêtres. Nous passâmes, sans nous arrêter, car nous allions visiter les ruines de Mansoura.

Au XVIe siècle, un sultan du Maroc assiégea Tlemcen ; la résistance se prolongeant, il s'obstina et fit bâtir en ce lieu, pour se loger ainsi que son armée, la ville de Mansoura. Il en reste encore certains vestiges qui prêtent une poésie triste à la campagne environnante ; ce sont des pierres de l'enceinte et une moitié de la mosquée, œuvre colossale ayant sa légende. On raconte que, pour exécuter cet édifice, le sultan appela une foule d'ouvriers juifs et musulmans ; la partie que construisirent les juifs s'est écroulée ; celle des musulmans, ajoutent les fidèles, reste debout et dessine son minaret gigantesque dans le ciel qu'assombrissait, au moment où nous la vîmes, l'approche de la nuit si rapide en ces climats. Près de là, s'étaient massés les cavaliers des goums, drapés de leurs burnous flottants, au rouge éteint par la demi-obscurité. L'éclair des coups de fusil dont ils saluèrent le ministre troua cette ombre ; puis, à l'allocution de M. Millaud, on répondit : « Vive la France ! Vive l'Algérie ! »

Un horizon agrandi par la tombée du soir (car l'indéfini ressemble à l'infini), la ruine immense qui s'estompait en masse noirâtre, ces Arabes impassibles, enveloppés de leur dignité farouche comme de leur ample manteau : voilà certes un spectacle qu'on ne peut oublier. Et, comme le passé exerce sur nous une véritable attraction... sans doute parce que nous avons la

certitude qu'il ne reviendra jamais, on se prenait à rêver de la vie fourmillant jadis à cet endroit, des existences orientales aussi mystérieuses alors qu'aujourd'hui, du chant des muezzins, recueilli, monotone, courbant les fronts vers cette poussière, et les étoiles, toujours sereines, s'allumaient une à une dans leur indifférence...

Nous retournâmes à Tlemcen ; on nous y offrit un banquet puis on nous accorda cinq heures de sommeil, et le lendemain dès l'aube, nous continuâmes notre route. La ville commençait à s'éveiller dans cette clarté grisâtre ; quelques Mauresques se rendaient au bain, traînant leurs pieds nus sous leurs robes blanches, enveloppées de leurs étoffes qui laissaient deviner la forme pointue d'une coiffure, découvrant un œil, un seul, et je me rappelle encore l'expression horrible de cet œil dépareillé.

. . . .

Nous revîmes les cascades. Sur une montagne, on faisait sauter des mines pour honorer les personnages. Un danseur arabe esquissait son pas, agitait son tambourin, mais nous n'avions guère le loisir de contempler ses grâces. Alors il courut à travers la campagne, dégringolant les pentes, escaladant les montées, rattrapant toujours nos voitures. Je ne sais s'il est arrivé à ses fins, c'est-à-dire à déployer ses talents devant le ministre, pour obtenir un baschich bien mérité après cette folle poursuite.

A Lamoricière, village tout européen, les colons nous offrirent le vin d'honneur, pendant qu'une société musicale s'efforçait de ravir nos oreilles. A Aïn-Tellout, on déjeuna sous une tente. Les Arabes servaient leur couscouss et leurs moutons embrochés, rôtis entiers.

Après ce repas, on nous mena à une station où nous reprîmes le chemin de fer qui nous conduisit à Sidi-Bel-Abbès.

Sidi-Bel-Abbès! ce nom possède un cachet musulman. Eh bien! le nom ne fait pas plus la ville que l'habit ne fait le moine, car, avec ses rues droites et ses beaux platanes, Sidi-Bel-Abbès me représente une sous-préfecture assez banale, ce qui, paraît-il, ne l'empêche pas de prospérer. J'ai gardé le souvenir d'une collation à la mairie et d'un discours du maire interrompu par le quadrille de la *Mascotte*. Or, bien des sous-préfectures en France ont leurs maires qui prononcent des discours et leurs musiques qui jouent des quadrilles. L'un dans l'autre, c'est plus drôle, mais pourtant cela arrive. Aussi quand je me rappelle le fou rire qui nous saisit, Marie-Thérèse et moi, je ne vois plus nettement le comique de cette aventure, et je regrette que si mal à propos nous ayons compromis notre dignité. M. Étienne nous lançait des regards fulgurants; ces regards fulgurants eurent une influence *énorme* sur le fou rire... qu'ils redoublèrent.

On se rendit à Mascara, mais il faisait nuit quand nous y arrivâmes, de sorte que nous aperçûmes très confusément cette ville; toute la population était dehors, mélangée d'Arabes et d'Européens, mélange qui se retrouve dans les habitations. On avait organisé, pour le même soir, un banquet officiel auquel la fatigue nous ôta la moindre envie d'assister, ce qui ne nous empêcha pas d'apprendre une amusante anecdote.

Un député avait, paraît-il, négligé de mettre ses insignes. Le tirailleur indigène, en faction devant la salle du festin, lui en interdit l'entrée. Notre malheureux compagnon déclina ses titres, sans autre succès que de s'entendre appeler mendiant, voleur, canaille. A bout d'arguments, il pria un de ses collègues de bien vouloir plaider sa cause. Cette fois, le turco se laissa vaincre, mais, au moment où le personnage si malmené franchissait triomphalement le seuil redoutable, ce terrible gardien lui dit avec un haussement d'épaules et son sourire d'Arabe qui découvrit ses grandes dents blanches :

— Toi pas député !... Toi carottier besef!

Quant à nous, il avait été convenu que nous dînerions à l'auberge en nous contentant de peu. Mais M. Clairin, sans repas ni logement, arpentait philosophiquement le trottoir, confiant à son ami, M. Gandrey, le soin de chercher un gîte. En attendant, on s'assit autour de la table; nous nous bercions d'une douce espérance, celle d'y voir apparaître un mets quelconque. Un instant, nous avions pu croire que ce n'était qu'une illusion. Enfin M. Gandrey revint, et le Paradis nous envoya un bon ange sous les traits d'une jolie fillette blonde qui nous servit dextrement avec le plus harmonieux des rires étouffés. M. Clairin, auquel la reconnaissance troublait la mémoire, la baptisait de tous les noms possibles et impossibles, montrant le résultat d'études approfondies sur le calendrier.

Le sous-préfet nous avait offert l'hospitalité. Cette nuit-là, comme les précédentes, on dormit peu : la musique si pittoresque des turcos nous éveilla avant l'aurore.

. . . .

Le même jour, nous devions voyager en chemin de fer jusqu'à Naamâ. Un arrêt nous permit de nous rendre compte de la préparation de l'alfa à Aïn-Hadjar. Des caïds étaient venus saluer le ministre; ils avaient amené deux enfants dont le plus jeune nous amusa tous beaucoup avec sa mine barbouillée, ses longues draperies et son grand air, que sa petite taille rendait impayable. On lui donna quelque menue monnaie. L'aîné pouvait avoir autant de mérite, mais, comme il se tint à l'écart, on l'oublia. C'est le sort des timides...

Nous traversâmes un chott; puis, devant nous, se déploya la région désignée sous le nom de mer d'alfa, cette immense étendue plate où les mirages esquissent vaguement les contours d'arbres et font scintiller au loin des reflets d'eau. A quel pays appartenaient-ils, ces arbres, cette eau dont la réflexion intriguait nos yeux?

La pluie avait causé de sérieuses inquiétudes, heureusement dissipées quand nous mîmes pied à terre au campement de Naamâ où les indigènes avaient dressé leurs tentes pour nous recevoir.

Deux tribus s'y trouvaient : celle des Ben-Ameur et celle des Oulad-Sidi-Cheickh qui, dit-on, est très remuante, très fanatique.

Sa soumission ne date que de 1881. Un de ses chefs, toujours rebelle, est maintenant sur la frontière du Maroc, prêt à recommencer la guerre sainte. Ce sont ces tribus du Sud Oranais qui, m'a-t-on conté, faillirent enlever l'empereur en 1858, lors de son voyage en Algérie. Napoléon III étant à cheval leur échappa, grâce à un stratagème : il jeta des pièces de cent sous aux cavaliers qui le poursuivaient. Ceux-ci s'arrêtèrent pour ramasser l'argent et le souverain put s'enfuir.

On prétendait tout bas que les Oulad-Sidi-Cheickh n'étaient guère mieux disposés à notre égard, et le général Détrie avait envoyé deux escadrons à Naamâ. C'était simplement exquis : rien ne nous manquait, pas même un grain de sel, pas même le petit battement de cœur qui augmentait l'intérêt de l'expédition.

Une bande d'Arabes à la figure noire, au burnous

sale, déguenillé, regardait notre arrivée avec de grands yeux farouches.

— Quel air ils ont! chuchotait Marie-Thérèse.

M. Millaud fut entouré des chefs, qui paraissaient très imposants. On lui présenta Sid-Abzah, marabout, le plus bel Arabe que j'aie vu. Il a vingt-quatre ans. Son costume était splendide : noir, avec une ceinture d'argent, et le manteau vert que portent seuls les membres de la famille du Prophète, car Sid-Abzah descend en droite ligne d'Abou-Beckre, beau-père de Mahomet. et les caravanes s'écartent de leurs routes, à des centaines de kilomètres, pour baiser ce fameux manteau. Très moderne d'ailleurs, Sid-Abzah! Il a fait un séjour à Paris, il ne dédaigne pas le baccarat, il sait même notre langue jusque dans les raffinements de l'argot, témoin l'anecdote suivante dont on garantit l'absolue véracité.

Un officier s'extasiait sur sa monture. « Il est chic, ton cheval! s'écria cet officier. — Ah! mon lieutenant, reprit le marabout, on ne dit plus « chic », on dit « bécarre ». Nous l'avons surnommé Sidi-Bécarre.

La fantasia ne tarda pas à commencer.

Un espace très vaste séparait les Oulad-Sidi-Cheickh, placés à notre droite, des Ben-Ameur qui se tenaient à notre gauche. Ils étaient deux mille cavaliers formant des lignes étincelantes d'armes et de couleurs.

Tour à tour, de chaque côté, certains d'entre eux abandonnaient leurs rangs, franchissaient la moitié de cet espace à toute vitesse sur leurs petits chevaux, (ces chevaux arabes dont j'aime tant la tête fine et les beaux yeux doux), puis les arrêtaient, les faisant bondir, se cabrer, se renverser en arrière, au milieu des éclairs, des fumées de leurs coups de feu; ils lançaient leurs fusils qu'ils rattrapaient au vol; par instants, ils se soulevaient sur leurs étriers et nous saluaient en passant pour nous remercier de nos applaudissements. Tout cela dans la grandeur morne de ce désert, avec l'invocation « Allah! Allah! » qui s'élevait sur une psalmodie vague et monotone comme cette nature. Au commencement, il ne s'avançait que quelques cavaliers à la fois; plus on allait, plus ils devenaient nombreux, — de véritables escadrons, — et ils se précipitaient avec une ardeur croissante; les deux tribus se mêlaient dans leur rapidité; c'était un piétinement de chevaux, un tourbillon de poussière, et les détonations redoublaient, et le nuage de fumée s'épaississait, encore plus fréquemment déchiré par les éclairs des nouveaux coups de feu. Certaine animosité régnant entre les Ben-Ameur et les Oulad-Sidi-Cheickh, on craignait qu'ils ne s'engageassent sérieusement les uns contre les autres : un vieillard armé d'un long bâton restait au milieu du terrain, interrompant leurs exercices quand

LA FANTASIA.

il le jugeait nécessaire. Après la fantasia, tous les cavaliers défilèrent devant nous, puis vinrent les femmes, absolument cachées dans leurs palanquins de soie rouge ou blanche, brodés d'or ou d'argent, que portaient les chameaux, conduits par des négresses vêtues de blanc.

Le jour finissait; le ciel prenait des reflets d'opale, des tons gris perle et mauve, des transparences ineffables; cela ajoutait à la mélancolie de ces vastes étendues que n'anime pas un arbre, pas un ruisseau. Il était l'heure où, parmi les bruits de la ville, la voix des muezzins résonne du haut des minarets pour appeler les fidèles à la prière. Au désert, bien qu'il n'y ait ni minaret ni mosquée, les musulmans s'acquittent aussi de leur pieux devoir. Ils l'accomplissent isolément, baisant trois fois le sol, se relevant trois fois; les bras ouverts comme pour étreindre l'horizon. Et quand l'ampleur des lignes nous donnait la sensation de notre petitesse, ces silhouettes d'hommes tournées vers l'Immensité, ces êtres chétifs qui, par une foi robuste, emplissaient l'Infini d'une pensée, c'était grand, si grand que j'en fus saisie.

Nous nous approchions alors du campement pour rendre visite aux femmes indigènes. Une d'elles vint à notre rencontre. Elle avait grand air dans sa longue robe blanche agrafée à l'épaule, avec son turban orné d'une houppette et des bracelets en argent travaillé. Le mari nous désigna sa seconde femme, moins jolie et surtout moins autoritaire. Chacune avait un fils. Une vieille servante gesticulait en nous parlant, la dame impérieuse la secoua et l'envoya hors du groupe. Ensuite l'irascible personne nous montra son chameau, son palanquin, sa tente où l'on avait posé d'épais tapis, et où luisaient, dans le clair-obscur, les broderies d'or d'une selle magnifique. Là, une négresse préparait le café, assise, les jambes croisées à la mode turque, dans le cercle lumineux qui environnait la bouilloire. C'était un vrai tableau d'intérieur nomade, charmant par son intimité même, par la simplicité des détails, mêlée à je ne sais quoi d'inconnu qu'on sentait dans ces existences, si différentes des vies européennes. La vieille avait reparu; elle tiraillait et caressait le châle de Marie-Thérèse, probablement pour se le faire donner; elle y fût parvenue sans la fraîcheur du soir qui rendait cet objet indispensable. Nos hôtesses nous offrirent gracieusement le couscouss, que nous refusâmes en prétextant la *diffa* (tel est le nom des repas) servie à notre intention sous une autre tente. Elles baisèrent leur main, suivant la coutume, après qu'elles eurent touché la nôtre. Naturellement, on s'était exprimé par gestes.

Les Européens s'étaient tenus à l'écart afin de ne pas

blesser le préjugé musulman qui empêche les femmes de paraître, le visage découvert, devant des hommes étrangers à leur famille.

La nuit envahissait le camp, rougissant les feux de bivouac, qui coupaient de lueurs étranges la silhouette sombre des indigènes installés aux alentours. Je crois que tout le monde prit part à la diffa, excepté moi. Les mets ne me tentaient guère. Je mangeai du pain sec, puis une tranche de ces fameux moutons qu'on rôtit entiers. Les Arabes nous servaient eux-mêmes; beaucoup d'entre eux portaient la croix de la Légion d'honneur. Ils montraient un empressement inouï dans leur insistance pour nous faire accepter leurs œuvres culinaires. J'ai beau savoir qu'il faut ménager l'amour-propre des auteurs, je ne pus me résoudre à leur accorder la moindre satisfaction.

Le ministre et nombre de ses compagnons prirent le train, dans le but d'aller coucher à l'hôpital de Mécheria, préférant un lit, voire un lit d'hôpital, à l'arrangement plus primitif des tentes. Nous ne voulions pas les suivre : c'était si pittoresque, la perspective d'une nuit au désert! Cela devait compter parmi nos souvenirs. Mme Berger, Mme Jolibois, Marie-Thérèse persévérèrent comme moi dans cette idée.

Nos hôtes arabes avaient préparé des installations à leur mode pour les voyageurs européens. On nous

LA DIFFA.

mena devant celle qui était réservée aux femmes : à l'intérieur, des tapis posés sur des nattes adoucissant le sol, des couvertures de zouaves, un éclairage de bougies. Il n'était question ni de lits ni de chaises. On s'étendit sur les tapis, nos sacs remplacèrent des oreillers, on s'enroula dans les couvertures et l'on sommeilla tant bien que mal, avec l'impression d'un vaste espace d'air libre autour de soi, d'un voisinage bizarre et mystérieux que rappelaient des rumeurs étranges et les hurlements ininterrompus des chiens.

Par suite d'une méprise, on sonna le réveil une heure trop tôt : deux heures au lieu de trois heures. La conversation s'étant engagée, le sommeil ne pouvait revenir. Aussi nous offrit-on de nous conduire aux wagons pour attendre le lever du jour.

La pluie tombait, détrempant le sable qui nous laissait enfoncer jusqu'aux chevilles. Je n'ai rien vu de comparable à cette sortie des tentes. On formait un cortège assez nombreux et l'on se drapait des couvertures qui avaient servi pendant la nuit. La lueur du falot dessinait les plus comiques silhouettes. Nous ressemblions vaguement aux indigènes.

En partant de Naamâ, nous reprîmes le chemin d'Alger.

. . . .

El-Khreider! Le drapeau de Mazagran, tout déchiqueté, flotte glorieusement au soleil ; il passe quelque chose comme un frisson d'âmes à travers les plis de ce lambeau d'étoffe ; une héroïque histoire y est inscrite en caractères indélébiles. C'est une touchante idée de l'avoir confié aux zéphyrs ou compagnies de discipline, comme le gage de la réhabilitation. La musique joue plusieurs morceaux patriotiques qui font palpiter en nous un essaim de grands souvenirs. Soudain elle entonne un air bien différent : une valse, une vraie valse, il n'y a pas à s'y méprendre. La mélodie rythmée, dansante. s'élève joyeusement, et nos pieds connaissent ce rythme... Avons-nous dormi sous la tente, au désert ? Nous n'éprouvons pas la moindre lassitude. Quelques couples commencent à tourner. C'est plus amusant que dans une salle de bal. Pourtant le fort a l'aspect d'une prison, le quai du chemin de fer ne vaut pas un plancher glissant, il est sept heures du matin et nos toilettes laissent à désirer. A Aïn-Hadjar, on retrouve l'enfant arabe que, la veille, on a comblé de gros sous ou de piécettes blanches. Il s'est acheté un petit fusil puis, avec une mine féroce, il s'exerce à nous mettre en joue pour nous prouver ses bons sentiments à notre égard.

. . . .

Le programme comportait un dîner au domaine de l'Habra, grande exploitation agricole appartenant à la

Société franco-algérienne. Plusieurs voyageurs, et je fus du nombre, s'arrêtèrent à Perrégaux où l'on devait revenir le soir. Il fallait un effort d'imagination pour se rappeler qu'on était en Afrique : cette petite ville aux rues droites, le son des cloches montant dans l'air calme, tout cela eût pu nous représenter n'importe quel coin de province française. Cependant nous quittions les Oulad-Sidi-Cheickh et le campement de Naamâ. Des palmiers ornant une place, un Arabe apparaissant sur son âne avaient sans doute un peu de couleur locale, mais palmiers et Arabe ne semblaient pas vouloir se prodiguer.

La nuit tombée, nous sortions de l'hôtel quand nous entendîmes un tintamarre étrange; le garde champêtre, nous ayant aperçus, nous pria de le suivre et protégea notre passage à travers une foule encore plus étrange qui masquait la porte d'une salle éclairée. Enfin il nous expliqua que tout ce monde était réuni pour assister à une danse de Marocains, et qu'il voulait satisfaire notre curiosité de touristes. Les spectateurs se tenaient debout ou assis à la turque; il y en avait dans chaque coin, le long des murs, au seuil de la pièce, dehors même. D'où sortaient ces yeux écarquillés, ces figures fantastiques, ce bariolage de costumes? Je n'avais rien vu de semblable en plein jour. Quant à la danse et aux danseurs, comment les dépeindre? Ils occupaient le centre de la salle... Qu'on s'imagine des hommes vêtus de blanc, la tête rasée au sommet, ce qui leur reste de cheveux attaché au-dessus de l'oreille, se démenant de la façon la plus vertigineuse, la plus effrénée, avec des cris féroces et un accompagnement sauvage très réussi, surtout si l'idéal est de vous assourdir. Cela m'a rappelé mon enfance et certaine baraque où l'on représentait la « Tentation de saint Antoine ».

Tous les démons de l'enfer dont les marionnettes ont jadis hanté mon cerveau étaient là, je les ai reconnus, mais agrandis, mais vivants, mais réels! A ces exercices, on peut joindre une danse soudanienne, d'un caractère bien différent mais aussi original, exécutée devant nous par un nègre, le lendemain, quand nous retournions à Alger. Quatre autres nègres composaient l'orchestre; deux négresses, dont la couleur noire du visage égalait en intensité la couleur blanche des robes et des voiles, enjolivées d'ornements jaunes, riant de toute leur blanche mâchoire, regardaient ces évolutions ahurissantes qui avaient lieu fort à propos sur le parcours du train.

On s'arrêta une heure à Orléansville. Cette station est voisine de hautes montagnes; elle possède des rues bien droites, bien alignées, des jardins publics très verts; c'est le souvenir que nous gardons de ce rapide coup d'œil. Nous n'avons vu qu'une seule construction mauresque, pas très grande, mais jolie et élégante. On passa devant Blidah sans s'y arrêter plus de quelques minutes; enfin l'on arriva à Alger, la tête pleine d'images, un peu fatigué, mais ravi de cette tournée.

III

l'occasion du voyage ministériel et parlementaire, le gouverneur d'Algérie donna un bal à sa résidence d'été, le palais de Moustafa, dont les charmants jardins sont situés au-dessus de la baie qui s'étend jusqu'au cap Matifou. C'est un véritable faubourg d'Alger que cette commune de Moustafa, toute parsemée de jolies propriétés, et la résidence du gouverneur est certainement délicieuse. On avait fait de grands frais d'illumination qui promettaient un coup d'œil splendide dans les massifs de verdure. Malheureusement, le soir de la fête, une pluie diluvienne vint noyer ces préparatifs; il fut impossible d'abandonner les salons. Oh! la terrible pluie! Rentrée chez Mme Durieu, j'entendis toute la nuit les gouttes d'eau frapper la mosaïque de la cour.

Ces maisons mauresques construites pour le repos, l'ombre et la fraicheur, deviennent si tristes, si humides, si froides quand le ciel ne veut plus sourire! Heureusement l'amabilité de notre hôtesse nous rendit fort agréable la vie européenne que nous avions reprise depuis notre retour d'Oran.

. . . .

Le mercredi, une petite bande composée de Marie-Thérèse, M. Clairin, M. Gandrey, mon père et moi, quitta Alger pour se rendre à Constantine. Je ne sais quelle manie possédait mes compagnons, toujours est-il qu'ils n'ouvrirent bien les yeux qu'aux arrêts où il fallut déjeuner et dîner. Rien ne put les arracher à leur somnolence, pas même la vue des Portes-de-Fer, de cette contrée montagneuse, bouleversée et désolée, que nous traversâmes et que j'aperçus à peine : on voulait également m'imposer le sommeil! Aussi j'étais furieuse et je saisis avec joie l'occasion de protester : c'est le droit des minorités.

Nous avions abandonné le cortège officiel, mais nous le précédions : partout des tables mises, des nappes

LE BAL.

blanches étendues. Hélas! cela ne nous regardait pas; c'était pour les autres, les heureux qui nous suivaient. Quant à nous, il nous fallait batailler autour des buffets. On les prenait d'assaut et l'on recevait force poussées.

La civilisation est un vernis médiocre; il suffit qu'on gratte un peu pour découvrir le vieux fonds d'égoïsme, invariable depuis six mille ans.

Mon père s'adressa à un conseiller municipal et, faisant valoir notre titre d'invités, le pria d'aller chercher un mets quelconque à l'endroit où l'on préparait le banquet ministériel. Ce personnage s'exécuta de bonne grâce; avec ce qu'il nous apporta et ce qui fut saisi dans la lutte, nous organisâmes une dînette très amusante et très réussie. Ensuite on varia les plaisirs en dormant de nouveau. Je fus réveillée par les éclairs d'un orage et, quand on arriva à Constantine, au milieu de la nuit, il pleuvait à torrents. Cela causa, dans la gare, un véritable tohu-bohu de voyageurs affolés réclamant des voitures et la direction de leurs logements. Nous obtînmes très vite l'un et l'autre.

Le lendemain matin, rayon de soleil. Toute sorte d'espoirs fondés sur ce rayon. Marie-Thérèse voyait l'avenir en rose, M. Clairin devenait lyrique et assaisonnait son hymne à la vie d'une réminiscence d'omelette blonde dont il était positivement hanté.

A une heure, la caravane entra dans les rues, escortant M. Granet et M. Millaud. Des fenêtres de l'hôtel, nous leur fîmes une chaude ovation en criant : « Vivent les ministres ! vivent les députés ! » M. Berthelot avait été retenu par une grande fatigue.

Ensuite on commença les excursions. D'abord un coup d'œil au ravin du Roumel, cet abîme entre deux rochers, au fond duquel se perd un filet d'eau courante. Des cigognes nichent dans ces rochers et planent sur ce ravin, les ailes étendues, comme les oiseaux dont les Japonais ornent leurs éventails ou leurs porcelaines. Une végétation tapisse ces profondeurs ; l'escarpement du roc se montre grisâtre et nu. D'un côté, se dressent les maisons de la ville, serrées les unes contre les autres.

En second lieu, nous allâmes au campement des indigènes arrivés pour les fêtes des jours suivants. Quelques tentes, quelques Arabes, quelques chameaux disséminés à travers un champ de courses, sous un ciel désespérément gris, voilà ce que nous aperçûmes. Les nuages ne tardèrent pas à fondre sur nous en une pluie diluvienne. Qu'on s'imagine un roman de Dickens surgissant au milieu de la féerie des *Mille et une Nuits!*

Rien ne nous empêcha de marcher. Les rues étroites, toutes ruisselantes, les burnous sales sous les vastes parapluies, les échoppes parfumées où siégeaient les boutiquiers, les pauvres maisons qui semblaient comprendre le ridicule de leur blancheur avec un ciel aussi terne : tout cela jurait, se contrariait, se heurtait. Combien il paraissait triste de voir une masse de choses qui attendaient le moindre rayon pour luire et scintiller, mais qui avaient l'air piteux et comme dépaysé dans cet envahissement de gris auquel elles étaient peu habituées! Nous visitâmes plusieurs mosquées, plusieurs *zaouiahs* (sortes de chapelles musulmanes). Mosquées ou zaouiahs, grandes ou petites, ont la même disposition : la cour, le portique, la salle jonchée de nattes où les croyants font leurs prières. Nous entrâmes dans une maison juive : en bas, une cour rectangulaire, environnée de constructions blanches; en haut, une galerie extérieure non moins blanche où se penchaient des têtes de femmes coiffées de foulards éclatants, et parmi lesquelles s'en trouvaient de fort belles; une lessive qui fumait devant deux vieilles accroupies; des enfants qui grouillaient çà et là; tout ce monde se logeant on ne sait comment et fixant sur nous des yeux agrandis par la curiosité : tel est le souvenir que je garde.

Le second matin de notre séjour à Constantine, nous allâmes aux cascades du Roumel; avec un tapage assourdissant, cette eau jaunâtre tombe d'une grande hauteur, elle écume, elle bouillonne. Au-dessus, se dresse un fragment de rocher semblable à un gigantesque arc de triomphe construit par les Titans dans les siècles mythologiques.

Nous étions logés chez un Alsacien, nommé Ulmann, dont la fille aînée parle couramment la langue arabe.

Elle me proposa, ainsi qu'à Marie-Thérèse, de nous introduire un après-midi dans des intérieurs musulmans, ce que nous nous empressâmes d'accepter.

Le premier que nous vîmes alors, était celui d'un marchand de tabac. On nous avait fait parcourir des ruelles bordées de maisons blanches sans fenêtres. Tout cela eût été bien caractéristique si le ciel se fût éclairci. Enfin la porte s'étant ouverte, un gros dogue furieux aboya et menaça de s'élancer sur nous. Mlle Ulmann nous guida à travers un escalier blanchi à la chaux, aux marches hautes et inégales comme toutes les marches de ces escaliers algériens. Nous atteignîmes une galerie donnant sur la cour entourée des logements. Celui de notre hôte se composait d'une longue chambre, communiquant avec cette galerie par une porte sans battant, qui servait aussi de fenêtre. Là encore, les murs, le sol, tout était blanc.

A chaque extrémité, l'on remarquait des coussins figurant une sorte de lit; au plafond, se balançaient un ou deux morceaux d'étoffes orientales. La femme du marchand de tabac vint à nous, grande, assez belle et surtout fort digne; un trait noir joignait ses sourcils.

Elle portait un caftan rose pâle, d'une teinte exquise, tombant sur de la mousseline brodée. Ses vastes manches étaient également en mousseline et sa coiffure ressemblait un peu à une mitre. On nous donna des chaises, puis les autres habitantes de la maison se précipitèrent et nous entourèrent à qui mieux mieux. Il y avait des parentes, des amies, de simples voisines. Une jeune femme se disposait à sortir et s'enveloppait de son voile; nous pûmes apercevoir un ravissant profil dont le type n'avait rien de mauresque : elle ressemblait à une madone. On avait apporté des dattes, des oranges, le café agrémenté d'eau de rose, quand une curieuse petite créature fit irruption dans la pièce et se mit à nous dévisager avec des yeux immenses, démesurés. Oh! les beaux yeux noirs à reflets d'or, dont la prunelle glissait entre deux franges de soies épaisses, sous de lourdes paupières qui paraissaient se déplier en s'abaissant! Marie-Thérèse se récria :

— Qu'elle est jolie! Qu'elle est jolie!

Mlle Ulmann traduisit en arabe notre sentiment d'admiration. La petite coquette fut enchantée et nous déclara son amitié, surtout à Marie-Thérèse, plus expansive que moi. Je demandai si la jeune Mauresque était mariée. Celle-ci répondit non, puis elle rit comme une folle en disant qu'elle nous trompait, mais qu'elle était veuve. Une veuve consolable!

On nous montra les autres intérieurs, ornés de commodes en acajou, de fleurs artificielles sous globes. Au milieu de toutes ces babillardes, la femme du marchand de tabac conservait sa grande dignité. En partant, nous serrâmes leurs mains, rouges de henné.

La seconde maison où l'on nous mena était plus luxueuse. Elle appartenait entièrement au même propriétaire qui l'occupait avec sa famille, et, par une grâce spéciale, les hommes furent admis à y pénétrer ainsi que nous. Ces habitations algériennes, plus ou moins élégantes, sont construites d'après un modèle identique : une cour ou *patio* au rez-de-chaussée et une galerie à l'étage supérieur, sur lesquelles s'ouvrent les pièces, longues et étroites comme des couloirs Aucun accès du côté de la rue, sauf la porte principale. La cour est soigneusement renfermée et entourée de bâtiments. Chez les pauvres, les murs sont simplement blanchis à la chaux; chez les riches, on les enjolive de mosaïques.

La femme et la belle-sœur du maître de la maison n'étaient ni jeunes ni séduisantes. Elles nous offrirent de nous peindre les yeux à leur mode et elles nous montrèrent leurs travaux d'aiguille, broderies, etc. En bas, les servantes se cachaient pour que nos compagnons ne les aperçussent pas dévoilées.

La troisième demeure qu'on nous fit visiter était plus grande et plus somptueuse que les deux autres. Quelques membres de la famille étaient partis en pèlerinage. Nous fûmes reçues par la vieille mère et par une de ses brus à peine âgée de vingt ans, énorme personne, chatoyante de soie bleue, étincelante de bijoux, qui se traînait, marchant avec difficulté, les paupières obstinément baissées. Elles nous introduisirent dans un appartement meublé à l'européenne, où se trouvaient un lit, un piano, une machine à coudre, objets destinés à ne jamais servir, tout cela d'une laideur si gauche, si vulgaire! Une maison voisine était réservée aux domestiques. Des femmes allant et venant, des enfants jouant et criant, voilà ce que nous y entrevîmes.

. . . .

La pluie nous ayant empêchés d'aller à Biskra, nous avions pris la résolution de nous diriger immédiatement sur Tunis. Il fallut s'arrêter à Duvivier où, en attendant le dîner, nous eûmes le loisir de marcher une heure. Le ciel s'était éclairci, la campagne se montrait fraîche, ensoleillée d'un soleil un peu attendri par l'approche du soir, avec de bonnes bouffées d'air pur et des fleurs jaunes qui brillaient comme de l'or. Rien à penser, rien à examiner ; cette impression était particulièrement douce et reposante. Notre bande s'augmentait du père de Marie-Thérèse et d'un jeune homme qui faisait partie de la même famille.

Au bord d'un champ, une Kabyle vêtue de rouge tenait en laisse un vieux cheval blanc. La femme était horrible, mais le costume semblait bien drapé. M. Clairin voulut le contempler, il s'approcha. La Kabyle baissait modestement les yeux. Étonné de cette attitude, M. Clairin avança une pièce de deux sous. Les paupières restaient baissées d'une façon qui eût été charmante sur un beau visage et qui, par l'injustice du sort, devenait grotesque sur cette figure noire. De plus en plus étonné, M. Clairin risqua un pas, tendant toujours sa pièce. La femme gardait son immobilité; pourtant sa bouche s'élargissait un peu. Il mit un genou en terre et se pencha pour glisser son présent dans la main de cette aimable personne. La main conserva son inertie, le présent tomba sur le sol humide, les paupières n'eurent aucun mouvement, seule la bouche s'élargissait, oh! mais s'élargissait, comme une bouche n'eût pu s'élargir ailleurs qu'à Duvivier, et encore sur la figure d'une Kabyle. C'était le présage des larmes. M. Clairin, très vexé, se relevait en maugréant contre la bêtise de cette malheureuse, quand un individu surgit devant lui et, découvrant une formidable mâchoire : « Toi, pas voler mon cheval, Monsieur, » dit-il à notre compagnon.

Je ne sais si cet incident nous troubla la cervelle. Toujours est-il qu'on dîna gaiement, bien que le juge de paix se promenât en face de l'auberge avec une persistance inquiétante : son ombre n'obscurcit pas notre bonne humeur; enfin il nous fournit lui-même l'explication de sa conduite en venant demander à mon père sa protection pour obtenir de l'avancement. Nous fûmes étourdis au point d'oublier le règlement de nos comptes. On paya par télégramme.

De Duvivier à Soukaras, un trajet de quelques heures. Nous arrivâmes au milieu de la nuit. Le lendemain matin, un dimanche, continuation de ce

voyage. M. Devès, que nous rencontrâmes, nous offrit des places dans le compartiment qui lui était réservé. De Soukaras à Gardifao, l'on suit des vallons encaissés dans des montagnes, on aperçoit des luisants d'eau sur des fonds de verdure. Ensuite on entre dans la Régence, et la Tunisie déploya devant nous ses immenses plaines alourdies de soleil où notre route traçait comme un ruban ; à la tombée de la nuit, nous vîmes leurs contours flotter et disparaître.

IV

RRIVÉE le soir à Tunis. Un aperçu de quartier européen assez banal, comme beaucoup d'autres quartiers européens ; un dîner à l'hôtel ; une installation médiocre pour passer la nuit : voilà comment se termina le dimanche.

Le lundi, Marie-Thérèse qui, depuis Alger, ne m'avait pas abandonnée, fut rendue à son père. Mais nous continuâmes à nous réunir pour les repas et les excursions.

Le matin, nous fîmes une visite au lac ; puis, l'après-midi, M. Devès nous pria de l'accompagner dans une promenade à Sidi-Bou-Saïd et aux ruines de Carthage.

La route traverse une campagne qu'*africanisent* des palmiers et des figuiers de Barbarie.

Non loin de Tunis, miroitent de vastes flaques d'eau bleue, semblables à des éclaboussures de ciel. On passe devant la Marsa, où réside le bey, et devant l'habitation du cardinal Lavigerie.

A Sidi-Bou-Saïd, nous mîmes pied à terre. Déjà nous avions remarqué une sorte de nuée au sommet de la hauteur sur laquelle s'élève ce village ; nous nous trouvâmes bientôt en plein brouillard, un brouillard argenté que M. Clairin compara à celui des tableaux de Turner. Naturellement le panorama demeurait voilé. Mais c'était fantastique, ces rues désertes, sans une échoppe ; ces maisons blanches, hermétiquement closes ; ces fenêtres aux grillages verts derrière lesquelles apparaissait parfois une tête de femme, mystérieuse et furtive, seule révélation de la vie en ce lieu indéfinissable. Et pourtant elle y existe, la vie ; on la sent s'agiter confusément sous l'épaisseur de ces murailles qui peuvent recéler un entassement de richesses : elle est là, présente mais cachée, certaine mais inconnue. La mosquée, toute blanche, s'élève auprès de la mer. Un café, où l'on accède par des marches, jouit d'une petite terrasse et concentre toute l'animation de l'endroit, animation d'un genre particulier : des Tunisiens, une rose à l'oreille, fument, flânent ou rêvent ; quelques-uns, assis à la turque, se livrent tranquillement au jeu ; ils voient fuir le temps comme nous voyons fuir l'eau d'un fleuve. — toujours la même — sans se préoccuper de son but. Sont-ils les sages et sommes-nous les fous?

Un enfant couché sur les marches nous contemplait de ses grands yeux noirs, avec une moue dédaigneuse et cet air des enfants précoces qui ne s'étonnent pas. Les nuances de son costume le faisaient ressembler à un bouquet de fleurs. Il était beau dans son aristocratie farouche qui accusait déjà toute la fierté des natures orientales. On l'avait emmené deux fois à la Mecque, nous dit son père, et, comme un seul pèlerinage au tombeau du Prophète est un titre de vénération pour les peuples musulmans, il était sans doute habitué à certains égards de ses compatriotes et coreligionnaires.

L'emplacement de Carthage s'étend jusqu'au golfe de Tunis; c'est un vaste terrain bosselé, jonché de débris, de fragments de marbre. On montre les ruines des quais et de l'amphithéâtre, l'enceinte d'un cirque, les citernes auxquelles aboutissait un aqueduc fameux, tout cela épars dans une solitude inculte où règne la tristesse de la mort. Un peuple immense a passé là, avec sa civilisation, son commerce, ses plaisirs... Seule, cette idée donne un intérêt aux moindres pierres et colore de poésie le sol lugubrement couvert de décombres. L'herbe étend partout comme un manteau d'oubli ; quelques bergers mènent paître leurs troupeaux dans ce lieu célèbre ; ils ramassent des vestiges de l'ancienne Carthage, soit une lampe, soit une pièce de monnaie, et proposent au touriste de les lui vendre. Voilà ce qui reste des empires disparus. On pourrait croire que si une ville a existé, si elle a tenu en échec la puissance de Rome, si elle a été successivement occupée par les Romains, les Vandales, les Byzantins, c'est simplement pour donner ce minime profit à quelque petit pâtre arabe. Des fleurs, croissant parmi les ruines, attestent la jeunesse éternelle de la nature, ironique devant ce qui vieillit et ce qui meurt.

Encore un souvenir, français celui-là : le débarquement de saint Louis à cet endroit où il devait expirer au bout de trois jours. On a élevé, sous son vocable, une chapelle qui fait partie d'un séminaire dont le jardin renferme beaucoup d'antiquités carthaginoises accumulées comme dans un musée : chapiteaux, colonnes, statues plus ou moins entières, bras, jambes, têtes, morceaux de sculptures enchâssés dans les murailles. Une salle contient de menus objets (tels que des lampes) antiques et très élégants de forme ; une autre salle est décorée du blason des croisés.

. . . .

Le mardi, promenade à bord d'une chaloupe que M. Pereire, directeur de la Compagnie transatlantique, a eu l'amabilité de mettre à notre disposition. On s'embarque à La Goulette, qui sert de port à Tunis auquel elle est reliée par un chemin de fer appartenant à une compagnie italienne. Eau bleue, ciel bleu. Des hauteurs dentelées encadrent le golfe, et les villes blanches apparaissent, inondées de soleil.

Arrêt à Hammam-Lif, station de bains. La plage est déserte en cette saison. Il y a aussi des sources sulfureuses fréquentées surtout par les juives dont le voile ne dissimule pas l'indécent costume : pantalons brodés et collants, blouses voyantes très courtes. Elles sont énormes et se traînent avec difficulté. Leur embonpoint est une coquetterie ; il passe chez elles pour une condition indispensable de la beauté, mais il n'est pas étonnant que le régime auquel on les soumet, dans le but de leur faire atteindre cette obésité, leur donne des maladies dont elles ont plus tard à se guérir. Les pensionnaires de l'établissement habitent une sorte de caravansérail installé à leur intention.

Nous reprenons le bateau pour aller déjeuner au lazaret, en face d'Hammam-Lif. On improvise un couvert sous les arbres, dans le grand jardin un peu embroussaillé, et nous faisons honneur aux mets apportés de Tunis.

En revenant à La Goulette, nous errons à travers ces rues qu'emplit un bruissement de chaînes, car les forçats tunisiens, des fers aux pieds, y sont chargés du service de nettoyage. Plusieurs d'entre eux tricotent paisiblement dehors, sous la surveillance de leurs gardiens. D'autres sont enfermés dans les cachots. Lorsque nous pénétrons à l'intérieur de la prison, ils se pressent contre les grilles ; sur leurs faces basanées se peint une curiosité anxieuse. Quel pouvoir nous attribuent-ils ? Ils ont sans doute entendu vaguement parler de ministres qui doivent arriver de l'Europe inconnue et puissante. Alors, en nous voyant, ils songent que nous touchons de près ces grands personnages et qu'il nous serait facile d'obtenir leur mise en liberté; ils protestent de leur innocence, ils se disent condamnés sans preuves. L'espérance a des racines au fond du cœur humain, puisqu'elle est inséparable même de ces criminels, puisqu'elle allège encore les souffrances du bagne. C'est seulement à la porte de l'Enfer que Dante a pu graver son inscription :

Laissez toute espérance, ô vous qui entrez.

Nous montons sur la terrasse. Des trous grillés donnent un peu de lumière aux captifs; ces malheureux rient, chantent, et le bruissement de leurs chaînes s'élève ininterrompu, toujours sinistre et dominant.

Dans la ville circulent des juives portant le costume qu'on sait.

Nous passons devant les écoles françaises ; il nous vient le désir d'interroger les enfants. Mon père s'adresse aux garçons, moi aux filles. On me regarde avec un certain effroi... J'oublie que nous sommes en Afrique, car ces doigts tachés d'encre, ces longs tabliers, ces petites mines curieuses, effarouchées n'ont rien de neuf à mes yeux. Enfin je demande à l'une des élèves quel point de l'histoire l'intéresse davantage. Réponse : Jeanne d'Arc. A une seconde : Jeanne d'Arc. A une troisième : Jeanne d'Arc. Toujours Jeanne d'Arc ! Est-ce parce que le souvenir de la « bonne Lorraine » fait réellement vibrer leurs cœurs, ou parce qu'elles ne veulent pas se mettre en frais d'imagination, ou parce qu'il est de mode, à leur école, d'admirer Jeanne d'Arc, comme il est de mode, à Paris, d'avoir des cheveux blond vénitien?

Du wagon, en retournant à Tunis, nous apercevons La Goulette, toute blanche entre le ciel et l'eau, de sorte qu'elle semble flotter en plein azur. Pour finir la journée, visite aux souks ; quelques arrêts dans celui des étoffes.

. . . .

Le mercredi matin, nous errâmes dans le vieux Tunis, à travers un labyrinthe de ruelles étroites, bordées de maisons sans ou presque sans fenêtres. Parfois, au-dessus des portes, s'étale, peinte en rouge, la main préservatrice du mauvais œil.

Nous allions chez le ministre de la Plume, où étaient descendus M. et Mme Jules Ferry, qui nous accompagnèrent aux souks. Ces bazars étaient alors dans tout leur éclat, dans tout leur mouvement. Qu'on s'imagine ces arcades de pierre; cette ondulation de turbans; ces voûtes percées d'ouvertures, çà et là découpant un morceau de bleu et laissant tomber une gerbe lumineuse qui s'épanouit en étincelles sur les étoffes bariolées, les broderies chamarrées des boutiques; ces rayons, qui frappent les notes radieuses des gandouras bleues, jaunes, vertes, roses, gris argenté; qui viennent éclairer l'animation de la foule, le brouhaha étourdissant des criées, tout ce remue-ménage où se révèlent sous un nouveau jour les races orientales, et où elles perdent leur caractère de gravité sereine, le prestige de leur majestueuse impassibilité. On se coudoie, on se bouscule. Les marchands, dans leurs échoppes semblables à des

niches, s'efforcent bruyamment d'attirer la clientèle. Il y a vente aux enchères. On trouve le souk aux parfums, le souk des forgerons, le souk des bijoutiers, etc.

Il est rare que les femmes traversent cette foule; on en rencontre quelques-unes, vêtues de blanc, la figure voilée de noir et ne montrant que les deux yeux.

Dans le souk aux étoffes, nous avions déjà des connaissances. Ali Berbouschi et son frère, qui tiennent chacun une boutique aux environs de la mosquée. Ils nous aperçurent, se précipitèrent à notre rencontre, nous donnèrent force poignées de main en disant : « Monsieur... Monsieur ami à moi... Sieds-toi, Mademoiselle, sieds-toi... » puis ils déployèrent leurs marchandises chatoyantes et, selon l'usage, nous offrirent le café.

Ali Berbouschi faisait l'article dans son vocabulaire assez restreint : « Ça chic, Monsieur... ça pschutt... ça pschutt *quifquif.* »

Pour lui, il existe une gradation entre les mots *pschutt* et *chic;* l'un est le superlatif de l'autre.

Après cette excursion, nous visitâmes le palais beylical où sont installés les bureaux des ministres : le Dar-el-Bey, maison du gouvernement. Des plafonds fouillés d'arabesques, quelques divans, des meubles européens sans cachet, des fleurs artificielles sous globes, voilà ce qu'on nous montra. Sur la terrasse, une vue de blanc et de bleu : les constructions blanches, le ciel profondément bleu, tout cela surprenant et fatiguant nos yeux du Nord.

Dans la journée, retour aux souks assez calmes à cette heure.

En nous promenant, regard jeté dans une prison ; on nous y désigna trois enfants accusés d'avoir assassiné un vieillard pour s'emparer de son chameau : ils avaient treize ou quatorze ans, de bonnes figures joufflues...

aucun signe fatal! Si l'on admet en principe que rien ne ressemble à un honnête homme comme un coquin, ils pouvaient être d'affreux bandits... Une jolie cour est voisine de cet endroit; on la traverse pour se rendre auprès d'un marabout.

La matinée suivante fut mémorable : Mme Ferry m'emmena chez les femmes du bey, du tayeb-bey et du premier ministre. J'avais aperçu le bey dans sa voiture (dont le cocher, s'il vous plaît! est commandeur du Nicham; l'histoire raconte bien qu'un empereur romain fit de son cheval un consul!), et je ne le revis pas à sa résidence de la Marsa où nous fûmes d'abord accueillies par son troisième fils; celui-ci se chargea de nous présenter à la baïa qui, debout, au seuil d'un salon meublé de rouge, tortillait solennellement son mouchoir à carreaux. Elle portait le disgracieux costume des Tunisiennes : le pantalon blanc collant, la blouse vague et courte... en soie mauve pour l'occasion. Sa coiffure semblait assez négligée, deux ou trois mèches de cheveux encadraient son visage flétri. Elle nous invita à prendre place sur un divan et conserva une attitude très officielle. Son fils lui servait d'interprète. Alors entra la seconde femme du bey, charmante avec ses grands yeux noirs expressifs et son petit nez malicieusement retroussé : une Parisienne travestie! Elle avait soigné sa toilette : des rubis étincelaient près de la soie bleu pâle et ses doigts étaient surchargés de bagues splendides. Il est d'usage en Tunisie qu'à son avènement au trône, le prince choisisse une nouvelle épouse ; voilà comment Ali prit cette jeune Géorgienne. Quelle existence a-t-elle auprès de la vieille baïa? On songe qu'il serait infiniment plus doux de se trouver avec une marâtre. La conversation roula sur le désir réciproque qu'on manifestait de se parler et de s'entendre sans difficulté. Des négresses, les jambes serrées dans leurs foutas, apportèrent bientôt le café traditionnel. Ensuite la baïa nous permit de nous retirer.

Chez le tayeb-bey, non loin de la résidence beylicale, on pénètre d'abord dans une cour ornée de mosaïques, entourée des bâtiments d'un palais. Nous traversâmes un patio au fond duquel nous aperçûmes un salon meublé de divans, où se tenait la princesse, le buste couvert de soie rose, la tête surmontée d'une coiffure pointue, richement brodée, qui laissait flotter sur la nuque et le dos (comme les hennins du moyen âge) des étoffes, des rubans plus magnifiquement brodés encore. Elle a déjà franchi les dernières limites de la jeunesse ; ses sourcils sont largement peints, sans la moindre préoccupation de vraisemblance. Son accueil nous parut fort aimable, sa maison très animée, grâce à son nombreux entourage de femmes et d'enfants : un bruit de pas, de rires, d'appels ; un fourmillement de couleurs harmonieuses et éclatantes; un va-et-vient précipité, ininterrompu; et des mots qui se croisent, et des regards furtifs lancés sur les deux étrangères. Il nous fallait une interprète : toutes les bouches redirent le même nom, puis une grosse Italienne s'avança, sans souci de sa camisole, de son tablier bleu, du torchon auquel elle s'essuyait les mains. Cela manquait de prestige. Elle fut improvisée traductrice. On nous offrit de voir le palais; la princesse monta un escalier en tenant Mme Ferry par la taille, et en s'excusant de lui faire gravir ces marches :

— Quant à nous, dit-elle un peu tristement, c'est notre seule distraction.

Le jour tamisé, la fraîcheur entretenue par les grillages qui produisent un courant d'air, donnent au salon où l'on nous mena quelque apparence de repos et de bien-être. Cette lumière douce tombe sur des meubles criards, sur des lustres multicolores, sur une quantité de verroteries italiennes.

Devant nous, s'étendait la campagne ruisselante de soleil, fournissant aux yeux une belle échappée vers l'espace libre. Quel rêve hante ces pauvres cerveaux de femmes condamnés à l'oisiveté quand, pendant les après-midi monotones ou le soir, à la tombée de la nuit, en sortant de la sieste ou en respirant la brise nocturne, les musulmanes regardent, de leur cloître, les champs se dérouler sous le ciel bleu, loin, bien loin, à perte de vue? Elles ne pratiquent pas cette maxime d'Émile Augier :

> ... Le captif doit fermer sa fenêtre,
> Et tâcher d'oublier, par folie ou raison,
> Que l'univers existe autour de sa prison.

La princesse nous montra sa coiffure de mariée qui semble tissée d'argent avec deux larges rubans brodés d'or. On servit le café, puis nous nous retirâmes, malgré les instances de cette affable Tunisienne; elle nous avait invitées à déjeuner, préférant sans doute la distraction de notre visite au plaisir qu'elle trouve à gravir des escaliers. Notre temps était précieux et il avait fallu décliner cette offre...

La maison du premier ministre, beaucoup plus simple que les deux autres, est située avec son jardin sur l'emplacement des anciens ports de Carthage : le port marchand et le port militaire. On nous reçut dans une pièce sommairement meublée, et la dame du lieu nous accueillit à bras ouverts. Un grand nègre avait le rôle d'interprète, mais il s'occupait moins de traduire nos phrases que de nous parler pour son propre compte et de nous initier aux difficultés de la prononciation arabe. La femme du haut fonctionnaire assura qu'elle serait toujours à sa fenêtre dans l'espérance de nous voir revenir. Elle ne possède pas seule le secret de ces jolies paroles orientales, car mon père, ayant dit à son mari : « Comme vous avez de belles fleurs en Tunisie! » il en reçut la réponse suivante : « Vous, vous n'en avez pas besoin : la France est la fleur du monde. »

. . . .

Je retournai à Tunis où je fis mes adieux à Marie-Thérèse, notre charmante compagne de voyage, et m'embarquai à La Goulette avec mon père, M. Gandrey et M. Clairin.

L'eau tranchait sur le ciel par une ligne d'un bleu tellement intense qu'il en était invraisemblable. A bord, nous trouvâmes M. Tirard qui se dirigeait aussi vers Sousse et Kairouan. Après un trajet de vingt heures, la première de ces deux villes nous apparut, illuminée par les rayons du matin; elle s'agrandit et s'européanise, mais les nouvelles maisons s'élèvent hors de son enceinte crénelée. Du bateau, ses murs, ses toits en terrasses semblaient former un bloc compact d'une éblouissante blancheur. Nous étions attendus; le contrôleur civil vint nous chercher, dans un canot, pour nous mener à terre; nous visitâmes une construction qui, je crois, était jadis la propriété d'un couvent et à l'entrée de laquelle on remarque de vieilles colonnes assez curieuses. Je montai sur la plus élevée des terrasses; de là, j'aperçus le cimetière qu'envahissaient les femmes, car les musulmanes ont l'habitude de s'y réunir tous les vendredis. A Sousse, comme à Kairouan, elles sortent voilées et enveloppées de noir. Ces sombres fantômes passant entre les pierres blanches des tombes figuraient un spectacle mystérieux et frappant. Ensuite, nous vîmes un manège, conduit par un chameau, tandis qu'un baby nègre aux oreilles garnies de larges pendeloques s'efforçait d'atteindre l'animal avec une petite baguette; puis les citernes, dont les voûtes reposent sur d'énormes piliers, et les souks où se trouve une ancienne chapelle transformée en café. Un épais badigeonnage empâte les moulures et les rosaces, mais on devine leur existence sous cette couche de blanc.

Avant de nous introduire chez le général, on nous montra une très jolie cour dans le style mauresque. Près de là se tenaient le caïd et plusieurs Tunisiens dont quelques accusés; l'un de ceux-ci vint parler au contrôleur, M. Alata, qui avait l'amabilité de nous servir de guide, et lui fit une protestation d'innocence, multipliant les grands gestes, se pinçant fréquemment les paupières entre deux doigts. Nous demandâmes ce que signifiait un tel mode d'attestation, et voici la phrase qu'il soulignait de cette façon étrange : « Arrachez-moi les yeux si je ne dis pas la vérité! »

A une petite distance de la ville, on a commencé des fouilles intéressantes auxquelles nous jetâmes un coup d'œil. Le général Bertrand s'occupe activement de ces recherches qui doivent enrichir les musées de Paris et de Tunis, et le travail en est exécuté par des soldats, devenus très habiles à ce métier; ainsi notre brave armée française ne se contente pas de porter au loin notre nom et notre influence, elle rend des services précieux à l'art et à l'érudition. On a mis à jour une très belle mosaïque : de charmants médaillons, une guirlande de fruits, une panthère d'un dessin superbe.

Jadis quelque villa romaine existait à cet endroit, mais les siècles en ont recouvert les vestiges de terre et d'oubli. Non loin de là, se trouvent les tombeaux phéniciens où l'on a recueilli des urnes, des ossements. Les parfums ne s'étaient pas évaporés quand, récemment, les profanes y descendirent, troublant le repos de ces vieux morts dont les cendres se conservaient dans l'ombre et le silence...

Pour retourner à Sousse, on franchit le mur crénelé que perce une porte arrondie, ornée de pierres roses et noires qui forment une décoration très originale. Là, nous croisâmes le groupe souvent rencontré en Tunisie : le chameau disparaissant sous un énorme paquet d'herbes, l'Arabe monté sur son âne, drapé dans son burnous usé. C'est comme une réminiscence des scènes bibliques.

Arrivés chez M. Alata qui nous avait invités à déjeuner, nous remarquâmes avec plaisir les couleurs françaises flottant sur plusieurs édifices; elles brillaient d'un radieux éclat par ce soleil et sous ce ciel d'un azur si profond.

V

De Sousse à Kairouan, voyage en chemin de fer Decauville : deux rails sur lesquels court une sorte de tramway ouvert, traîné par trois chevaux qu'on relaie à plusieurs reprises, et installé pour servir à l'armée. Nous en profitâmes. Et toujours cette plaine immense, sans un ombrage ; ces cultures d'orge et de blé vaguement jaunissantes ; çà et là, un douar à l'aspect noirâtre, un chameau, quelques chèvres ou quelques moutons. Un lac se trouve à certaine distance de la route, trop loin pour nous avoir été révélé autrement que par un miroitement doré de l'horizon ; nous vîmes, dans la campagne, des ruines dont l'une rappelle les menhirs de notre vieille Bretagne. Enfin l'on nous désigna une pointe imperceptible qu'on nous dit être le minaret de la grande mosquée de Kairouan. Puis, comme le soleil s'inclinait sur la ligne de montagnes qui formait le fond du tableau, la ville sainte, la ville blanche nous apparut dans un lointain rose, hérissée de minarets, entourée de murs crénelés que dépassaient ses terrasses.

Jadis, aucun juif, aucun chrétien n'avaient le droit d'y pénétrer. On s'imagine donc l'impression d'un pèlerin musulman quand, après un long trajet dans cette région saharienne, surgissait devant lui, élançant hardiment ses mosquées vers le ciel, la cité que ne profanait le contact d'aucun Roumi. Il l'apercevait longtemps à l'avance, comme pour animer son zèle, et pour exciter dans son âme l'émotion d'une attente religieuse ; il l'apercevait, comme la promesse d'un paradis glorieux, et sans doute il arrivait, saisi d'un sentiment de vénération d'autant plus profond qu'il l'avait mieux contemplée, dans le prestige de l'éloignement, dans la majesté de sa souveraine blancheur.

Outre ses remparts, Kairouan possède une forteresse de figuiers de Barbarie que défendent les najas dont la piqûre amène toujours la mort.

A notre arrivée, le commandant Abria, des tirailleurs

indigènes, nous offrit l'hospitalité au Dar-el-Bey, et le contrôleur civil, M. Tochon, avait amené des voitures pour nous conduire chez lui où étaient venus de nombreux Arabes qui voulaient saluer les membres du Parlement, leurs nouveaux visiteurs. Ce fut une défilade de turbans, de « selam », de poignées de main, de visages impassibles, majestueux ou rusés, de grands plis plus ou moins noblement drapés, de dos courbés plus ou moins obséquieusement.

Quel contraste avec la fierté que d'autres Arabes, ceux d'Algérie, ont su conserver, malgré notre occupation de cinquante ans, et qui nous impose toujours un certain respect!

Au Dar-el-Bey, nous fûmes très gracieusement accueillis par Mme et Mlle Abria. Cette réception, partiticulièrement touchante en plein islamisme, était égayée par la présence de la petite Yvonne Abria, une adorable enfant de trois ans, tout étonnée de vivre dans le monde musulman qui l'effraie.

Les indigènes ne se contentèrent pas de nous témoigner beaucoup d'égards; ils adressèrent pour nous des invocations à Allah. Le soir, nous assistâmes à une prière dite en notre honneur dans une zaouiah. On y avait installé des chaises pour les Européens, tandis que les croyants, assis sur leurs nattes, à la mode orientale, chantaient les versets sacrés, usant... abusant d'une mélodie qui déroutait nos oreilles. Il y avait des chœurs et des soli. Parmi ces dévots personnages, j'en ai surtout remarqué deux : un gros joufflu, vêtu d'une gandoura rayée et placé au milieu de ses coreligionnaires (je vois encore son rire bêta, sa pose d'idole), puis un jeune énergumène qui criait à nous fendre l'ouïe, en s'aidant de mille contorsions bizarres. Nous retournâmes au Dar-el-Bey, longeant les rues étroites, désertes, pareilles les unes aux autres, dont les détours et quelques portes voûtées interrompent seuls la monotonie. Comme on n'éclaire pas la ville, notre bande était encadrée d'Arabes munis de lanternes.

Le lendemain matin, visite aux souks. Celui des forgerons présente un aspect fantastique. Il est couvert de branchages destinés à tamiser la lumière qui flotte dans la fumée, semblable à un voile de gaze bleue, et contraste avec la rougeur des flammes. Au milieu du fracas des marteaux sur les enclumes, du va-et-vient des turbans et des burnous, se trouvait un personnage drapé d'une robe blanche garnie de sequins, coiffé d'une calotte rouge également garnie de sequins. Il tenait une espèce de marotte. Nous apprîmes que c'était un maboul. Sa figure noire, grimaçante, contractée par un rire insensé, épouvanta la pauvre petite Yvonne qui nous avait accompagnés. Elle jeta les hauts cris. On ordonna au fou de s'éloigner ; il obéit, mais en accablant de signes furibonds un de nos amis européens qui, sans que nous puissions en deviner la cause, lui avait souverainement déplu.

J'aimais à circuler dans les rues de Kairouan : on se trouve à une telle distance de notre civilisation ! Ni une maison européenne, ni un passant européen. Tout le monde porte la gandoura. Parfois seulement l'ombre noire d'une femme traverse la rue, qui est souvent obstruée par quelques animaux domestiques : des vaches, des poules, des moutons.

L'après-midi, Mlle Juliette Abria et moi sortîmes, escortées d'un spahi ; nous visitâmes l'intérieur d'Abd-er-Rhaman, un riche veuf indigène. Il a quatre filles. On nous introduisit dans la cour ; nous entendîmes un frou-frou de soie, un murmure de rires étouffés : les filles d'Abd-er-Rhaman se sauvaient, n'ayant pas sans doute terminé leur toilette. On nous fit prendre place sur le divan d'une pièce très fraîche ; le maître de maison, doué d'un visage jovial et d'une mine florissante, engagea la conversation avec Mlle Abria, qui parle arabe... Comment employer un long séjour à Kairouan si ce n'est en étudiant cette langue? Enfin une personne cachée sous la portière remit dans les bras paternels la petite Manoubia, âgée de cinq ans. Qu'on se représente une délicieuse brunette à la figure illuminée par deux yeux immenses et par un double rang de perles entre ses lèvres rouges! Elle a la pâleur mate des brunes élevées à l'ombre.

Un foulard cerise était posé sur ses cheveux noirs; on avait orné son cou d'un collier de coquillages. Elle portait une guimpe de mousseline brodée à larges manches, un fouta rayé aux nuances vives d'où l'on voyait sortir ses chevilles entourées d'anneaux et ses mignons pieds nus tout disposés à s'agiter. Manoubia! Ne dirait-on pas un nom de fleur? En la regardant, je songeais à la vie monotone et renfermée qui dégrade tant les musulmanes : une existence dans ces murailles épaisses, avec des friandises et des parures comme distractions uniques. A quoi bon la plaindre, puisqu'elle ignorera ce dont elle sera privée? Être heureux ou se croire heureux, c'est bien la même chose...

Une sœur et une tante de Manoubia la rejoignirent. La première me sembla fort jolie; l'arc de ses sourcils avait une telle perfection qu'on l'eût cru tracé au pinceau. Elle était coiffée de soie jaune; sa chemisette, également en soie jaune, enveloppait son buste mince et, comme toutes les femmes de Kairouan, elle avait mis un *fouta*, pièce d'étoffe nouée autour des jambes, pour dissimuler le pantalon, si disgracieux chez les Tunisiennes. Je demandai son âge; on me répondit qu'elle entrait dans sa seizième année. Les autres filles d'Abd-er-Rhaman vinrent nous trouver; elles nous firent traverser la cour pour nous conduire auprès de leur grand-père et de leur grand'mère. Les deux vieillards habitent une des plus vastes chambres; toutes sont décorées de glaces et de fleurs artificielles sous globe. Ils nous montrèrent ce luxe et nous accueillirent de leur mieux. Les nièces, les belles-sœurs d'Abd-er-Rhaman, suivies des servantes négresses, accoururent, nous entourèrent, nous examinèrent. C'était une profusion de nuances : rose, bleu pâle, mauve, orange, etc. Les négresses se tenaient à l'écart; les filles, les nièces, les belles-sœurs s'installèrent selon leur mode et se mirent à bavarder :

— Pourquoi ne vous asseyez-vous pas comme nous ?

— Parce que cela nous serait difficile à cause de notre habillement.

— Voulez-vous que nous vous arrangions à notre manière ? Mais il faudrait vous cacher d'Abd-er-Rhaman ou il ne vous laisserait plus partir.

Nous déclinâmes l'offre.

Ces femmes étaient jeunes ; quelques-unes commençaient à prendre un embonpoint qu'on ne songe guère à combattre en ces pays, où il passe pour le complément de la beauté.

Comme toutes les musulmanes distinguées, elles ne sortent presque jamais. La polygamie se fait de plus en plus rare dans les mœurs algériennes et tunisiennes ; cependant une nièce du maître de la maison se désolait, son mari ayant résolu de choisir une seconde épouse. J'avais remarqué la toilette négligée de cette pauvre créature ; il est vrai qu'elle a perdu son père et que le deuil lui interdit de porter des bijoux.

La branche principale de l'industrie de Kairouan consiste dans la fabrication des tapis ; chaque famille possède son dessin qu'on se transmet de génération en génération ; on y travaille paisiblement chez soi ; à notre requête, les jeunes filles exécutèrent devant nous plusieurs points d'un de ces ouvrages ; quand elles l'auront terminé, elles le vendront sans doute afin d'acheter des parures, des bagatelles. Elles insistaient pour nous garder : « Tu ne restes jamais ! » disaient-elles à Mlle Abria. Enfin, après avoir curieusement palpé l'étoffe de nos robes et touché le bord de nos chapeaux, elles se résignèrent à notre départ auquel nous donnâmes un prétexte en assurant qu'on nous attendait.

Nous visitâmes ensuite d'autres maisons, toutes

semblables. On pénètre dans une cour entourée de bâtiments, avec des portes que voilent à demi des morceaux d'étoffe. Les pièces communiquent par cette cour. Alors se montre un essaim de femmes qui, graves ou souriantes, viennent vous donner la main en vous adressant le « selam ». Une Tunisienne nouvellement arrivée à Kairouan n'avait pas adopté le fouta; elle était jolie et gracieuse, malgré son affreux costume; nous lui demandâmes à voir ses bijoux qu'elle étala avec un air d'obéissance passive : c'étaient de lourdes chaînes étincelantes, quelques pierreries bleues, rouges, aux tons criards. Le gouverneur indigène nous montra l'habitation neuve qu'il se destine et qui imite tant bien que mal nos appartements européens. Il fallut s'extasier sur les commodes et les armoires, richesses dont, à Paris, une loge de concierge serait peu honorée. On apporta, pour que nous l'examinassions, un superbe fusil, seule curiosité réelle de cet intérieur; une relique de famille, le présent d'un sultan, je crois; mais le propriétaire nous laissa deviner qu'il consentirait à le céder au prix de mille francs en bon argent sonnant.

Quelques minutes après cette visite, nous rejoignîmes nos compagnons et nous allâmes ensemble à la grande mosquée aux cinq cents colonnes, mosquée fameuse entre toutes. Deux cent cinquante de ces colonnes forment le portique entourant la vaste cour; l'autre moitié est disposée dans une immense salle rectangulaire, au sol couvert de nattes; on retournait ces nattes sur notre passage afin d'éviter qu'elles soient profanées par nos chaussures. Un étroit espace, réservé jadis aux femmes qui maintenant ne s'y rendent même plus, est enclos de bois bizarrement travaillé; dans une petite pièce voisine se trouvent aussi des sculptures, mais en marbre et indignement peinturlurées. Quelques fidèles erraient sous ces voûtes religieuses. L'heure étant venue de prier, ils se rapprochèrent les uns des autres, commencèrent à toucher le sol avec leurs mains, et à se redresser les bras étendus. Nous sortîmes, car nous nous aperçûmes que notre présence gênait leurs dévotions. A l'extrémité opposée de la cour, s'élève le haut minaret, comme une ardente aspiration vers le ciel bleu.

Une autre mosquée, celle du Barbier, est un joli spécimen d'art musulman : une suite de salles aux murs ciselés, aux plafonds très riants et très décorés, avec de petites coupoles, des vitraux coloriés, des rosaces taillées dans la pierre ; des cours avec des cloîtres, des colonnes, et enfin le sarcophage du Barbier (le barbier du Prophète) qui repose dans une koubba ornée de marbres blancs et noirs, au milieu des tapis, des lustres, des étendards, des lanternes multicolores, des boules en verroterie. Ce personnage doit-il sa réputation de sainteté à la dextérité de son rasoir ou bien, comme son confrère Olivier le Daim, sous Louis XI, s'occupait-il auprès de son maître de choses singulièrement plus graves?

Nous visitâmes la citerne ronde construite par les Druses 800 ans après J.-C.

Hors des remparts, s'étend une place envahie, le matin, par un marché, par des ânes, des chameaux, des trafiquants, des changeurs d'or, où les Juifs ont toujours eu le droit de se tenir et où les indigènes flânent, s'asseyent, circulent à l'approche du soir. Elle devient alors une sorte de club des Pannés, plus calme que le nôtre, imprégné de la sérénité orientale.

Ce jour-là cependant, un charmeur de serpents attirait la foule. Il était doué d'une figure très fine, d'une paire d'yeux extrêmement vifs. Personne n'eût pu mieux que lui déclamer un petit boniment et suspendre l'intérêt des spectateurs; nous ne comprenions pas ses paroles, mais nous les devinions à sa mimique accentuée. On croyait qu'il allait commencer... Eh bien, non! Il continuait ses discours étourdissants, sa pantomime impayable; il priait, il suppliait, il trouvait le moyen d'extorquer un peu d'argent à ceux qui l'entouraient. Enfin il saisit une espèce de flûte dont il tira un air sauvage; il sortit d'un sac un superbe naja et, s'accompagnant de la même musique, il se mit à gesticuler devant l'animal qui le suivait et dressait sa tête aplatie, comme pour bondir. Il avait serré un mouchoir au-dessus de son coude, de manière à gonfler toutes les veines de l'avant-bras ; s'étant excité par la danse, il fit jaillir le sang de ces veines et se traversa la langue d'une énorme aiguille. On prétend qu'un trou ayant jadis été pratiqué à cet organe, l'individu ne souffre pas plus de l'opération qu'une Européenne s'accrochant une pierre précieuse à l'oreille ; ainsi s'explique également, dit-on, la facilité avec laquelle les Aïssaouahs enfoncent une épée dans leur propre chair.

M. et Mme Ferry, qui arrivaient à Kairouan, vinrent nous rejoindre. Nous montâmes sur les remparts. C'était un spectacle étrange et caractéristique, cette place située au pied des murailles, tout encombrée de burnous aux tons d'ivoire. Sous les derniers rayons du soleil, la ville blanche se transforma en ville rose, et, vers les montagnes lointaines, le ciel se teignit de pourpre et d'or. Puis l'astre disparut dans sa splendeur ; aux nuances éclatantes succéda, pendant quelques instants, le gris violacé de nos crépuscules. L'étendard du Prophète flottait à toutes les mosquées, les muezzins surgirent chacun au balcon d'un minaret, lancèrent leur cri monotone pour appeler les fidèles à la prière et le nom d'Allah passa sur la cité sainte, sur la foule des croyants, pour aller se perdre là-haut où ne tardèrent pas à s'allumer les étoiles.

Après le dîner, nous vîmes une séance des Aïssaouahs, membres d'une confrérie musulmane fondée par un nommé Aïssa (traduction arabe de Jésus). Ils

ont pour maxime : « L'amour est plus fort que la douleur. » Suivant eux, leur chef les enlève à ce monde par une étreinte et, transportés d'amour divin, ils affrontent les souffrances physiques sans sourciller, sans même les sentir. Ils masquaient la porte, se tenaient par les épaules et se livraient à un balancement continu avec trois pas en avant, trois pas en arrière, et des « Allah! Allah! » poussés parfois comme un rugissement en frappant le sol du pied. Quand ils étaient assez excités, ils commençaient les opérations. Ils ôtaient leurs gandouras et, la tête nue, rasée au sommet, une touffe de cheveux attachée au-dessus de la tête, ils se plongeaient dans la chair une épée qu'on y enfonçait à coups de marteau et dont nous voyions ressortir la pointe ; ils avalaient des clous et des feuilles de figuier de Barbarie toutes hérissées de piquants. Leur regard était fixe, leur visage impassible ; ils se précipitaient sur ces instruments de torture comme sur des choses exquises, des objets délicieux.

Toujours en vertu de son étreinte, leur chef — un vieux marchand qui a boutique aux souks — rendait ses fidèles à la vie terrestre. Parmi ces énergumènes se trouvaient des enfants! Les enragés se roulaient presque sur nos genoux, et l'un d'eux voulut prendre le sabre du commandant Abria pour se le passer à travers le corps. Une certaine jonglerie doit exister dans ces exercices, mais il n'en subsiste pas moins un côté réel. On prétend que les Aïssaouahs peuvent avaler impunément des clous par l'hypnotisme de l'estomac.

Nous avions assez contemplé ces fanatiques, et l'on proposa de nous montrer une noce arabe...

La lune glaçait de bleu les maisons closes et muettes. Nous arrivâmes à celle où se célébrait le mariage. Des chanteurs étaient là, assis sur des nattes, et se démenaient avec un entrain infatigable. Quand ils inter-

LES AÏSSAOUAHS.

rompaient leurs hymnes, un *you, you, you!* strident partait de l'étage supérieur où se cachaient les femmes. On nous fit pénétrer dans une pièce ornée d'un divan au milieu, d'un lit à chaque extrémité. Les assistants s'empilaient sur le sol, sur le divan, sur les lits; le marié n'était pas de la cérémonie et l'on ne devait recevoir la mariée qu'un jour après cette fête. Mlle Abria et moi voulûmes rendre visite aux parentes qui, d'une galerie, examinaient tout sans être vues. De jeunes indigènes, plus civilisés que les autres, nous offrirent la main pour nous aider à franchir les rangs nombreux de leurs coreligionnaires. Le cavalier de ma compagne l'entraînait un peu vite : « Suivez-moi, il m'enlève, » me disait-elle en riant. Nous n'étions pas très rassurées. Enfin ayant monté seules l'escalier conduisant à la galerie, nous fûmes reçues par des dames voilées de noir, pleines d'amabilité. Bientôt cependant, je préférai rejoindre la bande européenne; nous descendîmes au rez-de-chaussée. On nous apporta le café et l'on nous arrosa de parfums, puis, en échangeant des souhaits, nous quittâmes nos hôtes.

Le dimanche matin, à cinq heures et demie, départ pour la messe. J'y allai avec Mlle Abria; escortées de notre spahi, nous traversâmes les rues silencieuses, déjà baignées de lumière blonde, entre deux rangées de ces façades, qui ne laissent, ni le jour ni la nuit, transpirer le mystère des intérieurs arabes. Une chapelle est installée dans les baraquements de l'hôpital, pauvre petite chapelle provisoire, perdue au milieu du monde musulman, et qu'il semble étrange de rencontrer dans le voisinage des minarets, à proximité des marabouts défunts ; humble maisonnette de planches, consacrée par les vainqueurs à l'Évangile d'amour, là où le culte des vaincus étale ses pompes, ses fastes, ses richesses, le souvenir de ses anciennes gloires. Vers sept heures, nous prenions le chemin de fer Decauville, avec M. et Mme Jules Ferry, M. Tirard, le commandant Abria, M. Masquerey, M. Clairin, M. Gandrey et mon père. Le commandant et sa fille nous abandonnèrent au premier relais : leurs chevaux les y attendaient pour les ramener à Kairouan. Nous les regardâmes s'éloigner avec ce sentiment de regret qu'éveillent les séparations. Ces nouveaux amis, inconnus deux jours auparavant, avaient si vite conquis notre sympathie par le charme de leur intimité, et notre reconnaissance par la grâce de leur accueil !

Les indigènes nous ont peut-être mieux reçus dans la cité sainte que partout ailleurs. Kairouan ayant capitulé sans conditions, nous avons le droit de visiter toutes ses mosquées, ce qui, à Tunis, est absolument interdit. Est-ce bien généreux à nous d'user de ce droit pour remercier les Arabes de leur confiance à notre égard ?

Nous nous réembarquâmes à Sousse, après nous être fait photographier en groupe. Les rameurs avaient la teinte et le luisant du bronze. Une foule de juives, dont les voiles blancs et les chemisettes éclatantes étincelaient au grand soleil, s'agitaient sur les quais, dans les canaux et même à bord du bateau transatlantique que nous devions prendre. Elles étaient venues assister au départ des vieux israélites, cérémonie qui a lieu tous les ans, car ils abandonnent l'Afrique pour aller mourir dans la terre promise à leurs ancêtres. Cela rappelle la réflexion de Longfellow sur les Hébreux qui

Read their story backward like their old eastern books.

. . . .

La caravane, que nous avions laissée à Constantine, s'était rendue à El Kantara et à Biskra, puis à Tunis, où son arrivée avait donné lieu à des fêtes pendant notre voyage de Kairouan. Notre bateau s'arrêta quelques heures devant la Goulette, ce qui nous permit de revoir Tunis et les souks, alors très mouvementés. Cette exubérance de couleur forçait notre attention, nous arrachait à nous-mêmes, de sorte que nous avions peine à retrouver notre individualité au milieu de ces impressions neuves.

Visite très intéressante au collège Sadiki. On nous

y désigna les petits-fils du bey, dont l'un suivait l'école musulmane où les enfants chantent en chœur les versets du Coran. Après un déjeuner européen chez le ministre de la Plume, nous nous embarquâmes à destination de France.

Un certain nombre des membres de la caravane revinrent avec nous sur l'*Isaac Pereire*, dont M. Eugène Pereire nous fit très gracieusement les honneurs.

Et maintenant... ce qui est mort est mort, ce qui est passé est passé, a dit Jean-Paul Richter... Mais il se trompe... ce qui est mort revit, ce qui est passé subsiste, ranimé et coloré par le charme du souvenir.

DESSINS

de

G. CLAIRIN

Paris. — Typ. G. Chamerot. — 23245.

www.ingramcontent.com/pod-product-compliance
Lightning Source LLC
LaVergne TN
LVHW010102240826
846091LV00017B/1377

* 9 7 8 2 0 1 3 6 3 1 0 2 0 *